全国人民代表大会常务委员会公报版

中华人民共和国
数据安全法

中国民主法制出版社

图书在版编目（CIP）数据

中华人民共和国数据安全法/全国人大常委会办公厅供稿.—北京：中国民主法制出版社，2021.6
ISBN 978-7-5162-2637-7

Ⅰ.①中… Ⅱ.①全… Ⅲ.①数据安全法—中国
Ⅳ.①D922.17

中国版本图书馆 CIP 数据核字（2021）第 115843 号

书名/中华人民共和国数据安全法

出版·发行/中国民主法制出版社
地址/北京市丰台区右安门外玉林里 7 号（100069）
电话/（010）63055259（总编室）　63058068　63057714（营销中心）
传真/（010）63055259
http://www.npcpub.com
E-mail：mzfz@npcpub.com
经销/新华书店
开本/32 开　850 毫米×1168 毫米
印张/1.125　字数/18 千字
版本/2021 年 6 月第 1 版　2021 年 6 月第 1 次印刷
印刷/北京天宇万达印刷有限公司

书号/ISBN 978-7-5162-2637-7
定价/8.00 元
出版声明/版权所有，侵权必究。

（如有缺页或倒装，本社负责退换）

目 录

中华人民共和国主席令（第八十四号）………… （1）

中华人民共和国数据安全法 ……………… （3）

关于《中华人民共和国数据安全法
（草案）》的说明 ……………………… （17）

全国人民代表大会宪法和法律委员会关于
《中华人民共和国数据安全法（草案）》
修改情况的汇报 …………………………… （23）

全国人民代表大会宪法和法律委员会关于
《中华人民共和国数据安全法（草案）》
审议结果的报告 …………………………… （26）

全国人民代表大会宪法和法律委员会关于
《中华人民共和国数据安全法（草案
三次审议稿）》修改意见的报告 ………… （30）

中华人民共和国主席令

第八十四号

《中华人民共和国数据安全法》已由中华人民共和国第十三届全国人民代表大会常务委员会第二十九次会议于 2021 年 6 月 10 日通过，现予公布，自 2021 年 9 月 1 日起施行。

中华人民共和国主席　习近平
2021 年 6 月 10 日

中华人民共和国数据安全法

（2021年6月10日第十三届全国人民代表大会常务委员会第二十九次会议通过）

目　录

第一章　总　　则
第二章　数据安全与发展
第三章　数据安全制度
第四章　数据安全保护义务
第五章　政务数据安全与开放
第六章　法律责任
第七章　附　　则

第一章 总　　则

第一条　为了规范数据处理活动，保障数据安全，促进数据开发利用，保护个人、组织的合法权益，维护国家主权、安全和发展利益，制定本法。

第二条　在中华人民共和国境内开展数据处理活动及其安全监管，适用本法。

在中华人民共和国境外开展数据处理活动，损害中华人民共和国国家安全、公共利益或者公民、组织合法权益的，依法追究法律责任。

第三条　本法所称数据，是指任何以电子或者其他方式对信息的记录。

数据处理，包括数据的收集、存储、使用、加工、传输、提供、公开等。

数据安全，是指通过采取必要措施，确保数据处于有效保护和合法利用的状态，以及具备保障持续安全状态的能力。

第四条　维护数据安全，应当坚持总体国家安全观，建立健全数据安全治理体系，提高数据安全保障能力。

第五条　中央国家安全领导机构负责国家数据安全工作的决策和议事协调，研究制定、指导实施国家数据安全战略和有关重大方针政策，统筹协调国家数据安全的重大事项和重要工作，建立国家数据安全工作协调机制。

第六条 各地区、各部门对本地区、本部门工作中收集和产生的数据及数据安全负责。

工业、电信、交通、金融、自然资源、卫生健康、教育、科技等主管部门承担本行业、本领域数据安全监管职责。

公安机关、国家安全机关等依照本法和有关法律、行政法规的规定，在各自职责范围内承担数据安全监管职责。

国家网信部门依照本法和有关法律、行政法规的规定，负责统筹协调网络数据安全和相关监管工作。

第七条 国家保护个人、组织与数据有关的权益，鼓励数据依法合理有效利用，保障数据依法有序自由流动，促进以数据为关键要素的数字经济发展。

第八条 开展数据处理活动，应当遵守法律、法规，尊重社会公德和伦理，遵守商业道德和职业道德，诚实守信，履行数据安全保护义务，承担社会责任，不得危害国家安全、公共利益，不得损害个人、组织的合法权益。

第九条 国家支持开展数据安全知识宣传普及，提高全社会的数据安全保护意识和水平，推动有关部门、行业组织、科研机构、企业、个人等共同参与数据安全保护工作，形成全社会共同维护数据安全和促进发展的良好环境。

第十条 相关行业组织按照章程，依法制定数据安全行为规范和团体标准，加强行业自律，指导会员加强数据安全保护，提高数据安全保护水平，促进行业健康发展。

第十一条 国家积极开展数据安全治理、数据开发利用等领域的国际交流与合作，参与数据安全相关国际规则和标准的制定，促进数据跨境安全、自由流动。

第十二条 任何个人、组织都有权对违反本法规定的行为向有关主管部门投诉、举报。收到投诉、举报的部门应当及时依法处理。

有关主管部门应当对投诉、举报人的相关信息予以保密，保护投诉、举报人的合法权益。

第二章 数据安全与发展

第十三条 国家统筹发展和安全，坚持以数据开发利用和产业发展促进数据安全，以数据安全保障数据开发利用和产业发展。

第十四条 国家实施大数据战略，推进数据基础设施建设，鼓励和支持数据在各行业、各领域的创新应用。

省级以上人民政府应当将数字经济发展纳入本级国民经济和社会发展规划，并根据需要制定数字经济发展规划。

第十五条 国家支持开发利用数据提升公共服务的智能化水平。提供智能化公共服务，应当充分考虑老年人、残疾人的需求，避免对老年人、残疾人的日常生活造成障碍。

第十六条 国家支持数据开发利用和数据安全技术研究，鼓励数据开发利用和数据安全等领域的技术推广和商业创新，培育、发展数据开发利用和数据安全产品、产业体系。

第十七条 国家推进数据开发利用技术和数据安全标准体系建设。国务院标准化行政主管部门和国务院有关部门根据各自的职责，组织制定并适时修订有关数据开发利用技术、产品和数据安全相关标准。国家支持企业、社会团体和教育、科研机构等参与标准制定。

第十八条 国家促进数据安全检测评估、认证等服务的发展，支持数据安全检测评估、认证等专业机构依法开展服务活动。

国家支持有关部门、行业组织、企业、教育和科研机构、有关专业机构等在数据安全风险评估、防范、处置等方面开展协作。

第十九条 国家建立健全数据交易管理制度，规范数据交易行为，培育数据交易市场。

第二十条 国家支持教育、科研机构和企业等开展数据开发利用技术和数据安全相关教育和培训，采取多种方式培养数据开发利用技术和数据安全专业人才，促进人才交流。

第三章　数据安全制度

第二十一条　国家建立数据分类分级保护制度，根据数据在经济社会发展中的重要程度，以及一旦遭到篡改、破坏、泄露或者非法获取、非法利用，对国家安全、公共利益或者个人、组织合法权益造成的危害程度，对数据实行分类分级保护。国家数据安全工作协调机制统筹协调有关部门制定重要数据目录，加强对重要数据的保护。

关系国家安全、国民经济命脉、重要民生、重大公共利益等数据属于国家核心数据，实行更加严格的管理制度。

各地区、各部门应当按照数据分类分级保护制度，确定本地区、本部门以及相关行业、领域的重要数据具体目录，对列入目录的数据进行重点保护。

第二十二条　国家建立集中统一、高效权威的数据安全风险评估、报告、信息共享、监测预警机制。国家数据安全工作协调机制统筹协调有关部门加强数据安全风险信息的获取、分析、研判、预警工作。

第二十三条　国家建立数据安全应急处置机制。发生数据安全事件，有关主管部门应当依法启动应急预案，采取相应的应急处置措施，防止危害扩大，消除安全隐患，并及时向社会发布与公众有关的警示信息。

第二十四条 国家建立数据安全审查制度，对影响或者可能影响国家安全的数据处理活动进行国家安全审查。

依法作出的安全审查决定为最终决定。

第二十五条 国家对与维护国家安全和利益、履行国际义务相关的属于管制物项的数据依法实施出口管制。

第二十六条 任何国家或者地区在与数据和数据开发利用技术等有关的投资、贸易等方面对中华人民共和国采取歧视性的禁止、限制或者其他类似措施的，中华人民共和国可以根据实际情况对该国家或者地区对等采取措施。

第四章　数据安全保护义务

第二十七条 开展数据处理活动应当依照法律、法规的规定，建立健全全流程数据安全管理制度，组织开展数据安全教育培训，采取相应的技术措施和其他必要措施，保障数据安全。利用互联网等信息网络开展数据处理活动，应当在网络安全等级保护制度的基础上，履行上述数据安全保护义务。

重要数据的处理者应当明确数据安全负责人和管理

机构,落实数据安全保护责任。

第二十八条 开展数据处理活动以及研究开发数据新技术,应当有利于促进经济社会发展,增进人民福祉,符合社会公德和伦理。

第二十九条 开展数据处理活动应当加强风险监测,发现数据安全缺陷、漏洞等风险时,应当立即采取补救措施;发生数据安全事件时,应当立即采取处置措施,按照规定及时告知用户并向有关主管部门报告。

第三十条 重要数据的处理者应当按照规定对其数据处理活动定期开展风险评估,并向有关主管部门报送风险评估报告。

风险评估报告应当包括处理的重要数据的种类、数量,开展数据处理活动的情况,面临的数据安全风险及其应对措施等。

第三十一条 关键信息基础设施的运营者在中华人民共和国境内运营中收集和产生的重要数据的出境安全管理,适用《中华人民共和国网络安全法》的规定;其他数据处理者在中华人民共和国境内运营中收集和产生的重要数据的出境安全管理办法,由国家网信部门会同国务院有关部门制定。

第三十二条 任何组织、个人收集数据,应当采取合法、正当的方式,不得窃取或者以其他非法方式获取数据。

法律、行政法规对收集、使用数据的目的、范围有规定的,应当在法律、行政法规规定的目的和范围内收集、使用数据。

第三十三条　从事数据交易中介服务的机构提供服务,应当要求数据提供方说明数据来源,审核交易双方的身份,并留存审核、交易记录。

第三十四条　法律、行政法规规定提供数据处理相关服务应当取得行政许可的,服务提供者应当依法取得许可。

第三十五条　公安机关、国家安全机关因依法维护国家安全或者侦查犯罪的需要调取数据,应当按照国家有关规定,经过严格的批准手续,依法进行,有关组织、个人应当予以配合。

第三十六条　中华人民共和国主管机关根据有关法律和中华人民共和国缔结或者参加的国际条约、协定,或者按照平等互惠原则,处理外国司法或者执法机构关于提供数据的请求。非经中华人民共和国主管机关批准,境内的组织、个人不得向外国司法或者执法机构提供存储于中华人民共和国境内的数据。

第五章　政务数据安全与开放

第三十七条　国家大力推进电子政务建设,提高政务数据的科学性、准确性、时效性,提升运用数据服务经济社会发展的能力。

第三十八条 国家机关为履行法定职责的需要收集、使用数据，应当在其履行法定职责的范围内依照法律、行政法规规定的条件和程序进行；对在履行职责中知悉的个人隐私、个人信息、商业秘密、保密商务信息等数据应当依法予以保密，不得泄露或者非法向他人提供。

第三十九条 国家机关应当依照法律、行政法规的规定，建立健全数据安全管理制度，落实数据安全保护责任，保障政务数据安全。

第四十条 国家机关委托他人建设、维护电子政务系统，存储、加工政务数据，应当经过严格的批准程序，并应当监督受托方履行相应的数据安全保护义务。受托方应当依照法律、法规的规定和合同约定履行数据安全保护义务，不得擅自留存、使用、泄露或者向他人提供政务数据。

第四十一条 国家机关应当遵循公正、公平、便民的原则，按照规定及时、准确地公开政务数据。依法不予公开的除外。

第四十二条 国家制定政务数据开放目录，构建统一规范、互联互通、安全可控的政务数据开放平台，推动政务数据开放利用。

第四十三条 法律、法规授权的具有管理公共事务职能的组织为履行法定职责开展数据处理活动，适用本章规定。

第六章　法律责任

第四十四条　有关主管部门在履行数据安全监管职责中，发现数据处理活动存在较大安全风险的，可以按照规定的权限和程序对有关组织、个人进行约谈，并要求有关组织、个人采取措施进行整改，消除隐患。

第四十五条　开展数据处理活动的组织、个人不履行本法第二十七条、第二十九条、第三十条规定的数据安全保护义务的，由有关主管部门责令改正，给予警告，可以并处五万元以上五十万元以下罚款，对直接负责的主管人员和其他直接责任人员可以处一万元以上十万元以下罚款；拒不改正或者造成大量数据泄露等严重后果的，处五十万元以上二百万元以下罚款，并可以责令暂停相关业务、停业整顿、吊销相关业务许可证或者吊销营业执照，对直接负责的主管人员和其他直接责任人员处五万元以上二十万元以下罚款。

违反国家核心数据管理制度，危害国家主权、安全和发展利益的，由有关主管部门处二百万元以上一千万元以下罚款，并根据情况责令暂停相关业务、停业整顿、吊销相关业务许可证或者吊销营业执照；构成犯罪的，依法追究刑事责任。

第四十六条　违反本法第三十一条规定，向境外提供重要数据的，由有关主管部门责令改正，给予警告，可以并处十万元以上一百万元以下罚款,对直接负责的主管人员和其他直接责任人员可以处一万元以上十万元以下罚款;情节严重的,处一百万元以上一千万元以下罚款,并可以责令暂停相关业务、停业整顿、吊销相关业务许可证或者吊销营业执照,对直接负责的主管人员和其他直接责任人员处十万元以上一百万元以下罚款。

第四十七条 从事数据交易中介服务的机构未履行本法第三十三条规定的义务的,由有关主管部门责令改正,没收违法所得,处违法所得一倍以上十倍以下罚款,没有违法所得或者违法所得不足十万元的,处十万元以上一百万元以下罚款,并可以责令暂停相关业务、停业整顿、吊销相关业务许可证或者吊销营业执照;对直接负责的主管人员和其他直接责任人员处一万元以上十万元以下罚款。

第四十八条 违反本法第三十五条规定,拒不配合数据调取的,由有关主管部门责令改正,给予警告,并处五万元以上五十万元以下罚款,对直接负责的主管人员和其他直接责任人员处一万元以上十万元以下罚款。

违反本法第三十六条规定,未经主管机关批准向外国司法或者执法机构提供数据的,由有关主管部门给予警告,可以并处十万元以上一百万元以下罚款,对直接负责的主管人员和其他直接责任人员可以处一万元以上十万元以下罚款;造成严重后果的,处一百万元以上五百万元以下罚款,并可以责令暂停相关业务、停业整顿、吊销相关业务许可证或者吊销营业执照,对直接负责的主管人员和其他直接责任人员处五万元以上五十万元以下罚款。

第四十九条 国家机关不履行本法规定的数据安全保护义务的,对直接负责的主管人员和其他直接责任人员依法给予处分。

第五十条 履行数据安全监管职责的国家工作人员玩忽职守、滥用职权、徇私舞弊的,依法给予处分。

第五十一条 窃取或者以其他非法方式获取数据,开展数据处理活动排除、限制竞争,或者损害个人、组织合法权益的,依照有关法律、行政法规的规定处罚。

第五十二条 违反本法规定,给他人造成损害的,依法承担民事责任。

违反本法规定,构成违反治安管理行为的,依法给予治安管理处罚;构成犯罪的,依法追究刑事责任。

第七章　附　　则

第五十三条 开展涉及国家秘密的数据处理活动,适用《中华人民共和国保守国家秘密法》等法律、行政法规的规定。

在统计、档案工作中开展数据处理活动,开展涉及个人信息的数据处理活动,还应当遵守有关法律、行政法规的规定。

第五十四条 军事数据安全保护的办法,由中央军事委员会依据本法另行制定。

第五十五条 本法自 2021 年 9 月 1 日起施行。

关于《中华人民共和国数据安全法（草案）》的说明

——2020年6月28日在第十三届全国人民代表大会常务委员会第二十次会议上

全国人大常委会法制工作委员会副主任　刘俊臣

委员长、各位副委员长、秘书长、各位委员：

我受委员长会议的委托，作关于《中华人民共和国数据安全法（草案）》的说明。

一、关于制定本法的必要性

随着信息技术和人类生产生活交汇融合，各类数据迅猛增长、海量聚集，对经济发展、社会治理、人民生活都产生了重大而深刻的影响。数据安全已成为事关国家安全与经济社会发展的重大问题。党中央对此高度重视，习近平总书记多次作出重要指示批示，提出加快法规制度建设、切实保障国家数据安全等明确要求。党的十九大报告提出，推动互联网、大数据、人工智能和实体经济深度融合。党的十九届四中全会决定明确将数据作为新的生产要素。按照党中央部署和贯彻落实总体国家安全观的要求，制定一部数据安全领域的基础性法律十分必要：一是，数据是国家基础性战略资源，没有数据安全就没有国家安全。因此，应当按照总体国家安全观的要求，通过立法加强数据安全保护，提升国家数据安全保障能力，有效应对数据这一非传统领域的国家安全风险与挑战，切实维护国家主权、安全和发展利益。二是，当前，各类数据的拥有主体多样，处理活动复杂，安全风险加大，必须通过立法建立健全各项制度措施，切实加强数据安全保护，维护公民、组织的合法权益。三是，发挥数据的基础资源作用和创新引擎作用，加快形成以创新为主要引领和支撑的数字经济，更好服务我国经济社会发展，必须通过立法规范数据活动，完善数据安全治理体系，以安全保发展、以发展促安全。四是，为适应电子政务发展的需要，提升政府决策、管理、服务的科学性和效率，应当通过立法明确政务数据安全管理制度和开放利用规则，大力推进政务数据资源开放和开发利用。

二、关于起草工作和把握的几点

按照党中央部署，制定数据安全法列入了十三届全国人大常委会立法规划和年度立法工作计划。2018 年 10

月，全国人大常委会法工委会同有关方面成立工作专班，抓紧草案研究起草工作。在起草过程中，多次召开座谈会，认真听取有关部门、企业和专家学者的意见；整理国内外有关立法资料，开展专题研究；并到有关地方和部门调研，深入了解数据安全领域存在的突出问题，听取立法意见建议。形成数据安全法草案稿后，又征求了中央有关部门和部分企业、专家的意见，经反复修改完善后，形成了《中华人民共和国数据安全法（草案）》。

起草工作注意把握以下几点：一是，把握正确政治方向，贯彻落实总体国家安全观，坚持党对数据安全工作的领导。二是，立足数据安全工作实际，着力解决数据安全领域突出问题，同时坚持包容审慎原则，鼓励和促进数据依法合理有效利用。三是，数据安全法作为数据领域的基础性法律，重点是确立数据安全保护管理各项基本制度，并与网络安全法、正在制定的个人信息保护法等做好衔接。

需要说明的是，按照全国人大常委会立法规划和年度立法工作计划的安排，全国人大常委会法工委会同中央网信办正在抓紧个人信息保护法草案起草工作，争取尽早提请全国人大常委会审议。

三、关于草案的主要内容

草案共七章五十一条，主要内容包括：

（一）关于本法的适用范围

草案明确在我国境内开展的数据活动适用本法，其中数据是任何以电子或者非电子形式对信息的记录，数据活动是指数据的收集、存储、加工、使用、提供、交易、公开等行为。同时，草案赋予本法必要的域外适用效力，规定：中华人民共和国境外的组织、个人开展数据活动，损害中华人民共和国国家安全、公共利益或者公民、组织合法权益的，依法追究法律责任。

（二）关于支持、促进数据安全与发展的措施

草案坚持安全与发展并重，设专章对支持促进数据安全与发展的措施作了规定，保护个人、组织与数据有关的权益，提升数据安全治理和数据开发利用水平，促进以数据为关键要素的数字经济发展。包括：实施大数据战略，制定数字经济发展规划；支持数据相关技术研发和商业创新；推进数据相关标准体系建设，促进数据安全检测评估、认证等服务的发展；培育数据交易市场；支持采取多种方式培养专业人才等。

（三）关于数据安全制度

为有效应对境内外数据安全风险，有必要建立健全国家数据安全管理制度，完善国家数据安全治理体系。对此，草案主要作了以下规定：一是，建立数据分级分类管理制度，确定重要数据保护目录，对列入目录的数据进行重点保护。二是，建立集中统一、高效权威的数据安全风险评估、报告、信息共享、监测预警机制，加强数据安全风险信息的获取、分析、研判、预警工作。三是，建立数据安全应急处置机制，有效应对和处置数

据安全事件。四是，与相关法律相衔接，确立数据安全审查制度和出口管制制度。五是，针对一些国家对我国的相关投资和贸易采取歧视性等不合理措施的做法，明确我国可以根据实际情况采取相应的措施。

（四）关于数据安全保护义务

保障数据安全，关键是要落实开展数据活动的组织、个人的主体责任。对此，草案主要作了以下规定：一是，开展数据活动必须遵守法律法规，尊重社会公德和伦理，有利于促进经济社会发展，增进人民福祉，不得违法收集、使用数据，不得危害国家安全、公共利益，不得损害公民、组织的合法权益。二是，开展数据活动应当按照规定建立健全全流程数据安全管理制度，组织开展数据安全教育培训，采取相应的技术措施和其他必要措施，保障数据安全。三是，开展数据活动应当加强数据安全风险监测、定期开展风险评估，及时处置数据安全事件，并履行相应的报告义务。四是，对数据交易中介服务和在线数据处理服务等作出规范。五是，对公安机关和国家安全机关因依法履行职责需要调取数据以及境外执法机构调取境内数据时，有关组织和个人的相关义务作了规定。

（五）关于政务数据安全与开放

为保障政务数据安全，并推动政务数据开放利用，草案主要作了以下规定：一是，对推进电子政务建设，提升运用数据服务经济社会发展的能力提出要求。二是，规定国家机关收集、使用数据应当在其履行法定职责的范围内依照法律、行政法规规定的条件和程序进行，并落实数据安全保护责任，保障政务数据安全。三是，对国家机关委托他人存储、加工或者向他人提供政务数据的审批要求和监督义务作出规定。四是，要求国家机关按照规定及时准确公开政务数据，制定政务数据开放目录，构建政务数据开放平台，推动政务数据开放利用。

（六）关于数据安全工作职责

数据安全涉及各行业各领域，涉及多个部门的职责，草案明确中央国家安全领导机构对数据安全工作的决策和统筹协调等职责，加强对数据安全工作的组织领导；同时对有关行业部门和有关主管部门的数据安全监管职责作了规定。

此外，草案还对违反本法规定的法律责任等作了规定。

数据安全法草案和以上说明是否妥当，请审议。

全国人民代表大会宪法和法律委员会关于《中华人民共和国数据安全法(草案)》修改情况的汇报

全国人民代表大会常务委员会：

　　常委会第二十次会议对数据安全法草案进行了初次审议。会后，法制工作委员会将草案印发各省（区、市）、中央有关部门和部分基层立法联系点、人大代表、企业、研究机构等征求意见，在中国人大网全文公布草案征求社会公众意见。宪法和法律委员会、法制工作委员会联合召开座谈会，听取中央有关部门和部分专家、企业的意见，到北京、深圳、湖南调研，听取地方意见，并就草案的有关问题与有关方面交换意见，共同研究。宪法和法律委员会于4月1日召开会议，根据常委会组成人员的审议意见和各方面意见，对草案进行了逐条审议。中央国家安全委员会办公室有关负责同志列席了会议。4月20日，宪法和法律委员会召开会议，再次进行了审议。现将数据安全法草案主要问题修改情况汇报如下：

一、一些常委委员和地方、部门、专家建议，与民法典等有关规定相衔接，对草案中的数据活动、数据安全等用语的含义予以完善。宪法和法律委员会经研究，建议将草案第二条中的"开展数据活动"修改为"开展数据处理活动及其安全监管"，并对有关用语的含义作适当调整完善。

二、草案第十九条对地方、部门制定重要数据目录作了规定。一些常委委员和地方、部门、企业、专家提出，应由国家层面确定重要数据目录，再由地方、部门据此制定具体目录。宪法和法律委员会经研究，建议在草案第十九条中规定，国家建立数据分类分级保护制度，确定重要数据目录，加强对重要数据的保护；各地区、各部门按照规定确定本地区、本部门以及相关行业、领域的重要数据具体目录。

三、有的部门提出，网络安全法已要求网络运营者按照网络安全等级保护制度采取相应措施，保障数据安全，建议草案有关制度与网络安全等级保护制度做好衔接。宪法和法律委员会经研究，建议在有关条款中增加规定，开展数据处理活动应当"在网络安全等级保护制度的基础上"建立健全全流程安全管理制度，加强数据安全保护。

四、有的地方、部门提出，网络安全法关于重要数据出境的安全评估等要求限于关键信息基础设施，应根据实践发展和数据安全管理工作的需要，相应扩大范围。宪法和法律委员会经研究，建议增加一条规定：关键信息基础设施的运营者在我国境内运营中收集和产生的重要数据的出境安全管理，适用网络安全法的规定；其他数据处理者在我国境内运营中收集和产生的重要数据的出境安全管理办法，由国家网信部门会同国务院有关部门制定。

五、根据草案第三十三条的规定，境外司法和执法机构要求调取境内数据的，未经主管机关批准，不得提供。有的部门、专家建议，增加未经批准擅自提供数据的处罚规定，为有关组织、个人拒绝外国不合理要求提供更为充分的法律依据。宪法和法律委员会经研究，建议采纳上述意见，增加相应的处罚规定。

此外，还对草案作了一些文字修改。

草案二次审议稿已按上述意见作了修改，宪法和法律委员会建议提请本次常委会会议继续审议。

草案二次审议稿和以上汇报是否妥当，请审议。

全国人民代表大会宪法和法律委员会
2021年4月26日

全国人民代表大会宪法和法律委员会关于《中华人民共和国数据安全法(草案)》审议结果的报告

全国人民代表大会常务委员会：

常委会第二十八次会议对数据安全法草案进行了二次审议。会后，法制工作委员会在中国人大网全文公布草案征求社会公众意见；就草案的有关问题与有关方面交换意见，共同研究。宪法和法律委员会于5月17日召开会议，根据常委会组成人员的审议意见和各方面意见，对草案进行了审议。中央国家安全委员会办公室有关负责同志列席了会议。5月27日，宪法和法律委员会召开会议，再次进行了审议。宪法和法律委员会认为，为贯彻落实总体国家安全观，维护国家主权、安全和发展利益，规范数据处理活动，促进数据开发利用，制定本法是必要的，草案经过两次审议修改，已经比较成熟。同时，提出以下主要修改意见：

一、有的常委委员和部门提出，数据安全工作涉及面广，应当建立相应的协调机制，加强对数据安全工作的统筹。宪法和法律委员会经研究，建议对草案二次审议稿作以下修改：一是在中央国家安全领导机构的规定中增加"建立国家数据安全工作协调机制"；二是明确国家数据安全工作协调机制在制定重要数据目录、加强数据安全风险分析预警等方面的统筹协调职能。

二、有的常委会组成人员提出，关系国家安全、国计民生等数据属于国家核心数据，应当实行更加严格的管理制度，对违反规定损害国家核心利益的应当从严从重处罚，建议完善草案相关规定。宪法和法律委员会经研究，建议增加规定：关系国家安全、国民经济命脉、重要民生、重大公共利益等数据属于国家核心数据，实行更加严格的管理制度；同时，对违反国家核心数据管理制度，危害国家主权、安全和发展利益的行为规定严格的处罚。

三、有的常委委员和社会公众提出，在大力推进公共服务数字化发展的过程中，不应当对老年人、残疾人享受应有的公共服务造成障碍，建议增加有针对性规定。宪法和法律委员会经研究，建议增加一条规定：国家支持开发利用数据提升公共服务的智能化水平。提供智能化公共服务，应当充分考虑老年人、残疾人的需求，不得对老年人、残疾人的日常生活造成障碍。

四、有的常委委员提出，防范数据安全风险应当发挥社会各方面作用，加强政府、企业、专业机构之间的合作。宪法和法律委员会经研究，建议增加规定：国家支持有关部门、行业组织、企业、科研机构和有关专业机构等在数据安全风险评估、防范、处置等方面开展协作。

五、有的常委委员提出，电子政务系统的建设维护、政务数据的存储加工，很多都是委托专业机构实施的，建议强化受托方的数据安全义务。宪法和法律委员会经研究，建议增加规定：国家机关委托他人建设、维护电子政务系统，存储、加工政务数据，受托方应当依照法律、法规的规定和合同约定履行数据安全保护义务，不得擅自留存、使用、泄露或者向他人提供政务数据。

六、有的常委委员建议，加大对违法向境外提供数据行为的处罚力度。宪法和法律委员会经研究，建议采纳上述意见，对违法向境外提供重要数据、未经主管机关批准向外国司法或者执法机构提供数据行为的处罚规定予以修改完善。

此外，还对草案二次审议稿作了一些文字修改。

草案三次审议稿已按上述意见作了修改，宪法和法律委员会建议提请本次常委会会议审议通过。

　　草案三次审议稿和以上报告是否妥当,请审议。

　　　　全国人民代表大会宪法和法律委员会
　　　　　　2021年6月7日

全国人民代表大会宪法和法律委员会关于《中华人民共和国数据安全法(草案三次审议稿)》修改意见的报告

全国人民代表大会常务委员会:

　　本次常委会会议于6月8日上午对数据安全法草案三次审议稿进行了分组审议。普遍认为,草案已经比较成熟,建议进一步修改后,提请本次常委会会议表决通过。同时,有些常委会组成人员和列席人员还提出了一些修改意见和建议。宪法和法律委员会于6月9日上午召开会议,逐条研究了常委会组成人员的审议意见,对草案进行了审议。中央国家安全委员会办公室有关负责同志列席了会议。宪法和法律委员会认为,草案是可行的,同时,提出以下修改意见:

　　一、有的常委委员建议,做好有关用语与民法典、网络安全法有关规定的衔接。宪法和法律委员会经研究，建议将草案三次审议稿第三条第一款数据定义中的"电子或者非电子形式"修改为"电子或者其他方式"，将第六条第一款中的"产生、汇总、加工"修改为"收集和产生"。

二、草案三次审议稿第二十七条规定，开展数据处理活动应当在网络安全等级保护制度的基础上，建立健全全流程安全管理制度。有的常委委员提出，线下数据处理活动不适用网络安全等级保护制度，建议区分情况分别作出规定。宪法和法律委员会经研究，建议采纳上述意见，对这一条作相应修改。

三、有的常委委员建议，在本法中对与统计、档案有关的数据处理活动的法律适用问题作出衔接性规定。宪法和法律委员会经研究，建议增加规定，在统计、档案工作中开展数据处理活动，还应当遵守有关法律、行政法规的规定。

经与有关部门研究，建议将本法的施行时间确定为2021年9月1日。

此外，根据常委会组成人员的审议意见，还对草案三次审议稿作了一些文字修改。

草案修改稿已按上述意见作了修改，宪法和法律委员会建议本次常委会会议审议通过。

草案修改稿和以上报告是否妥当，请审议。

全国人民代表大会宪法和法律委员会
2021年6月10日